アルパカメソッドによる

モンテッソーリ教育の手引き

― 生きる力の土台作りを0歳から ―

アルパカこども矯正歯科 院長
アルパカの森保育園 園長　　林　明子　著

南々社

もくじ

はじめに …………………………………… 3
1. モンテッソーリ教育とは ………………… 4
2. モンテッソーリ教育×口育 ……………… 6
3. モンテッソーリ教育×食育 ……………… 8
4. アルパカメソッド ………………………… 12
5. アルパカメソッド前期（0～3歳）
 　―①最も吸収力の高い時期 ……………… 16
 　―②失敗も成功のチャンス！ …………… 18
 　―③無意識を刺激する …………………… 20
6. アルパカメソッド後期（3～6歳）
 　―①言語や数の敏感期 …………………… 22
 　―②言語習得の流れ ……………………… 24
 　―③「数」に親しむ活動 ………………… 26
7. 野球療育と非認知能力 …………………… 28
アルパカの森保育園での「お仕事」紹介 …… 30
おわりに …………………………………… 32

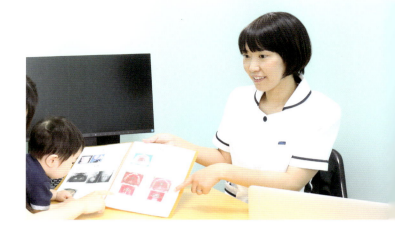

アルパカこども矯正歯科

えいくん

しょーちゃん

みーちゃん

アルパカの森保育園

はじめに

　水鳥たちが飛来し、住処とする八幡川沿いに、2015年7月に「アルパカこども矯正歯科」を開院後、隣接するかたちで、2019年の6月に「アルパカの森保育園」を開園しました。子どもたちによい歯並びをと思い、保育園職員とともに、「口育」、そして「食育」の実践を行ってきました。

　開園当初から導入した教育法の「モンテッソーリ教育」は、昨今話題となっている、学力のように数値化できない「非認知能力」が、結果的に育まれるといわれています。実際に園で行っていくなかでその質の高さを日増しに実感し、歯科医師としての勤務の傍ら、保育の奥深さも知ることとなりました。

　開園から数年が経ち、当園を卒業する子どもたちも現れ始め、園での教育を受けた子どもたちが実際にどのように育っていっているかを知る場面に立ち会うことも増えました。幼児期の教育のあり方の重要性を実感しています。

　教育への興味は強まっていくばかりで、歯科医師免許に加えて、保育士免許を取得しました。本書では、このモンテッソーリ教育を土台に、当園でアレンジを加えて実践してきた「アルパカメソッド」を文章にまとめ、紹介していきます。

　「アルパカメソッド」では"子どもたちの自立を促す"ことを主な目的としており、数値化できない「非認知能力」の育成にスポットを当てて取り組んでいます。自立した大人となるために必要な"生きる力"を身につけるには、数値化される学力だけでは足りません。「非認知能力」をどのように意識して伸ばしていけばよいか、本書でも具体的に紹介しますので、ぜひご参考に、ご家庭でも行ってみてください。

　『口育の手引き』『食育の手引き』と続き、本書『モンテッソーリ教育の手引き』で第三弾となります。これらの三部作では、紐づいている箇所がいくつもありますので、合わせてご一読くださると、口育、食育、教育のお話を関連づけながら学んでいけるようになっています。当園での取り組みをご参考に、お子様の将来がよりいっそう素晴らしいものとなるための一助となれば幸いです。

アルパカこども矯正歯科 院長
アルパカの森保育園 園長
林　明子

1. モンテッソーリ教育とは

　モンテッソーリ教育は100年以上前、医師で教育家でもあったイタリア人のマリア・モンテッソーリにより考案された教育法です。「子どもには、自分を育てる力が備わっている」といった「自己教育力」を前提に、「自立していて、有能で、責任感と他人への思いやりがあり、生涯学び続ける姿勢を持った人間を育てる」ことを目的にしています。

　モンテッソーリ教育では、年齢により発達しやすい機能を、その「敏感期」と捉えて、意図的に発育を促そうとします。それぞれの敏感期に見合ったモンテッソーリ教育独自の教具などを用いて行われる活動のことを「お仕事」と呼びます。例えば、3歳半から5歳半くらいまでは「文字の敏感期」と捉えられています。それぞれの敏感期に見合った取り組みをすることで「集中現象」が起こり、成長発達を飛躍的に促すといわれています。

くみがみ

「敏感期」を意識して取り組みを選んでいきます

あきこ先生

特徴①　「お仕事」

モンテッソーリ教育のキーワードである「お仕事」は、①簡単過ぎず、難し過ぎないこと、②少し努力した先に、子どもが達成できる程度の難易度であることが適しているとされています。また、自らでやりきって、喜びや達成感を感じられるよう、行き詰まっている子どもがいたとしても、周囲の大人の手助けは必要最低限に留め、**"一人でできるように手伝う"** ことが肝心です。周囲の大人が子どもに手順を示すときは、動作を分解し、一つひとつ止めながらゆっくりと示す**「分析行動」**をベースに、わかりやすく伝える必要があります。

特徴②　「手と目の協調運動」

また、「手と目の協調運動」のことを意味するHEC（hand eye coordination）も、モンテッソーリ教育において重要視されています。「目から脳に入った情報」と「指先の運動」の連動性を高めていくことで、動作の確実性が高まっていきます。握る、つまむ、叩く、押す、などの微細運動を行い、手と目の協調運動を意図的に促していきます。

特徴③　発達段階に合わせた学習

子どもたちは、①日常生活の練習→②感覚教育→③言語教育→④数教育→⑤文化教育、といったように段階的に学習を深めていきます。これら5つの領域は互いに深く繋がっており、それぞれが独立しているわけではありません。発育に合わせて、個別に学習をしていきながらも、結果的にはそれぞれの子どもたちのなかで繋がっていくというわけです。

子どもたちの取り組みが日常の延長線上にあることをめざします

「お仕事」で用いられる**教具**で大切なこと
・本物であること
・魅力的であること
・適したサイズ感

手と目の協調運動

入れたり出したりして手指を使います

2. モンテッソーリ教育×口育

歯科医師として働き、さまざまなお子様のお口と向き合うなかで、お口周りへの配慮を促し、整えておくこと（口育）で、お子様の全身の健全な発育を実現していけないか。そんな思いのもと、歯科医院に隣接するかたちで、保育園を設立しました。2018年には、日本口育協会が安部秀弘代表のもとで設立され、日本でも「口育」の実践が本格化し始めています。

幼い子どもたちを相手にした口育の実践は、決して容易なものではありませんでした。しかし、保育園の設立当初から導入していたモンテッソーリ教育によって子どもたちの姿勢や行動が変化し、効果的な口育を実践できるようになっていきました。

実践① 「静か」や「集中力」を養う練習

効果的な口育の実践は、細かな指示をもとに行わなければなりません。しかし、元気いっぱいな子どもたちにとって、人の話を落ち着いて聞き取ることは簡単ではありません。

当園では、モンテッソーリ教育の一環として、「静粛練習」や「線上歩行」を取り入れています。子どもたちは普段、賑やかな環境にいることが多く、「静か」とは何かを知りません。そこで、習慣的に静かになる活動を取り入れ、静けさを知っていきます。

いりこ

例えば、おやつの時間に"いりこ"をもらう前、30秒間目を閉じて、心を落ち着かせます。そうすることで、自分の内面に意識が向かい、抑制を覚え、自らの意思で自分をコントロールできるようになっていきます。こうした自律した態度が身についた子どもたちは、集中して静かに人の話を聞くことができ、口育をスムーズに理解していきます。

静粛練習

実践② 主体性を育む

　モンテッソーリ教育では、子どもたちの主体性を最大限尊重します。大人は見守ることが主な役割で、子どもたちが自ら考えて判断し、行動していきます。日頃からのこうした態度の育成が、口育の実践においても随分と役に立っています。主体的に口育に取り組む姿は、頼もしく、楽しそうでもあります。

　口育を実践していくなかで、「目を見てきちんと挨拶をする」「静かに順番を待つ」「作業の邪魔にならないように観察する」「事前に自らの手順の確認をしておく」などの社交的なふるまいも身についていると感じます。口育教室の際には、子どもたちが主体的に、自分の"口の動き"を鏡で確認している姿も見受けられました。うまくできない時には、周囲を観察。先生の指導の順番を待つことも覚えました。

　日頃から行っているモンテッソーリ教育によって促されていく自立した姿が、幼い頃から取り組むべき口育をより効果的なものとしています。当園では、"生きる力の土台作り"をモンテッソーリ教育と口育のハイブリッドで行っています。

口育教室

大人の役割は見守ること！

3. モンテッソーリ教育×食育

五感を刺激するクッキング

　当園の食育は、モンテッソーリ教育で重視される"感覚"の発育を促す「感覚教育」を目的の一つとしています。発育段階にある子どもたちの五感を意図的に刺激するためのプログラムを考え、定期的にクッキングを実施しています。

　クッキングでは、食材の味見によって、"味覚"の発育を促していきます。食材に触れ、切ったり、混ぜたりすることで、"触覚"の発育をめざします。それぞれの食材が放つ匂いを感じとることで、"嗅覚"が刺激され、活性化されます。さらには、食材をトントンと切ったり、ジュージューと音を立てて焼いてみたりすることが、"聴覚"への刺激となります。

　料理の仕方を学ぶだけではない当園のクッキングの時間。料理を作りながら、職員は五感を意識させる声かけをしているので、子どもたちも五感に敏感になっています。敏感になった五感を総動員して行われる活動に、子どもたちは充実感や達成感を得ることができます。そしてそれが「次もやりたい」という喜びや意欲に繋がり、子どもたちの自律と自立を促していきます。

コーヒー豆を挽く

野菜を切る

米を研ぐ

- 視覚
- 味覚
- 触覚
- 嗅覚
- 聴覚

「手づかみ食べ」は発育を促す

　前著『食育の手引き』にも記したように、お子様の「手づかみ食べ」は決して悪いことではありません。一見すると、マナーが悪いように感じられる手づかみ食べは、HEC（hand eye coordination）、つまり、「手と目の協調運動」の発育を促す活動と考えられています。

　食べ物の位置を目で見て確認したお子様は、次に、指先に意識を集中させ、手を使ってつまみます。つまむときはどの程度の力でつまめばよいのか、つまんだ食べ物を口まで運ぶ際はどこで離せば適当なのか、その感覚を身につけていきます。離さないと口内へ食べ物が入っていきませんが、早く離しすぎても食べ物は落ちてしまい、口まで運べません。そして、前歯で食べ物を噛みとり、「一口の量」を覚え、"自分で食べる"という行為を習得していきます。そのさじ加減の学習も、生きる力の土台となります。

　調理すること、そして食べること。大人からすると何気ないことのようでいて、発育段階にあるお子様にとっては意味の深い行為であることをご理解いただけたでしょうか。ご家庭でもぜひ、お子様とのクッキングの時間を設けたり、手づかみ食べができる環境を整えたりと、親子で感覚の発育をめざしてチャレンジしてみてください。

お子様の「やってみたい」という気持ちをサポートしてあげてください

「当番活動」で得られる主体性

　当園では、子どもたちの自立を促す一環として、それぞれが主体的に"役割"をこなしていきます。机拭き、お花の水やり、給食時にはエプロンをつけ、お茶を注ぐ、汁や果物を盛り配膳する、皆の前での合掌、「いただきます」の号令などの「当番活動」を実施しています。

　給食に用いる食材の準備も、その一部を子どもたちが行っています。米を研いだり、野菜の皮や栽培活動で育てた枝豆の皮を剥いたりして、調理場のお手伝いをしています。まさに「お仕事」といったところでしょうか。

　栽培活動には、自分たちで育てた野菜なら、苦手なものでも食べられるようになるという利点があります。

給食当番

枝豆の収穫

食への感謝を深める機会に！

"本物"で日常生活の練習を

　クッキングやお仕事の際には、指先に加えて、手首の運動を促す取り組みを意図的に行っているのも当園の特徴の一つです。手首が柔軟に動いて初めて、箸の使用や文字の筆記を容易にします。

　また、"本物"を日常生活の練習で取り入れているモンテッソーリ教育では、給食などで用いる食器類をメラミンではなく、陶器にしています。落としてしまえば壊れてしまいかねない食器を扱うことで、"物を丁寧に扱う心"を育んでいくためです。大人と一緒の陶器でできた食器は、それだけでも子どもたちにとっては価値があります。

　モンテッソーリ教育では、子どもの「なぜ？」を大切にする「文化教育」が謳われています。その一環として、年中、年長児になると、調理する野菜や果物などの食材や、栽培をする植物については、それがどのような生態にあるかなどを図鑑で調べます。細かな知識を身につけていくことで、次第に身の回りの物事の奥深さに気がつき始めます。そのことが自分を取り巻く世界や宇宙への興味を促していきます。園を卒業したあと、学校での学びがより楽しいものとなることをめざしています。

いただきます！

栽培したジャガイモ

身近なところから学びが広がるのね

4. アルパカメソッド

　当園では、モンテッソーリ教育をもとに、①0歳からの口育・食育を軸とした取り組み、②異年齢保育、③プロフェッショナルによるさまざまな教室の提供など、当園ならではのアレンジを加えた「アルパカメソッド」を実施しています。

　数値化される学力の向上だけでは、自立した大人になるために必要な"生きる力"を身につけることは難しいです。「アルパカメソッド」により、数値化できない「非認知能力」(忍耐力・好奇心、社交性・協調性、自己肯定感など)にもスポットを当て、生きる力の土台作りをめざしています。

特徴①　0歳からの「教育・口育・食育」

　併設する歯科医院との一体的な保育環境により、お口の健康を育む「口育」を実施。お子様の心と身体の健康をお口周りの機能に配慮しながら促進していくのは、当園の大きな特徴の一つです(P6、7参照)。

　"生きる力"の土台となる食に関しては、前著『食育の手引き』でも取り上げ、専属の栄養士とともに、お子様の健やかな心身の成長をめざして「食育」を実践しています(P8～11参照)。

食育教室

自分でやる！

歯磨き教室

特徴②　「異年齢保育」

　上の子が下の子のお手本となることは、上の子の"自立"を促します。下の子にとっては、自分ではまだうまくできないことができる"憧れの存在"が身近にいることで、自分でもやってみようとチャレンジする気持ちの促進に繋がります。

　一方、5歳の子からすると2歳の子の姿は大きく異なって見えます。同年齢の類似した子どもたちばかりで集うのではなく、自分とは成長段階の異なったお友達と一緒にいることで、心はより柔軟となり、思いやりをもって相手に接することを学習していくのです。

　あるとき当園で、まだ使えない教具を下の子が手に取ったときに、「これはもう少し大きくなってからね」と上の子が優しく伝える場面がありました。自分の身の回りのことに関心があり、場面に即して柔軟に状況判断をする力が育っていると感じました。

　異年齢の子どもたちが集まっているなかで、職員は、それぞれの成長過程を理解し、発育の段階に合わせたうえで取り組みを行うことを忘れてはなりません。やがて実社会に出て活動する子どもたちにとって、幼い頃から均一ではない、多様で混沌とした場に身を置くことは大切です。そのような場は、ともすると子どもたちの間でのトラブルの発生が多くなるかもしれません。しかし、問題を解決していく力、状況に対応しやり抜く力は、異年齢の子どもたちで集ってこそ深まっていきます。

自分以外の視点をたくさん知れるチャンス！

お手本（あいうべ体操）

お手本をよく見て実践！

絵画教室

体育教室

特徴③　プロによる教室の提供

　経験の少ない幼い子どもたちの興味や関心の幅を広げていくために、英語・体育・書道・絵画などのさまざまな教室を準備しています。それらのいずれもが本格的であるべきと考え、指導は外部に依頼。各分野のプロフェッショナルの視点から、無限の可能性を持った子どもたちそれぞれの"得意"や"特性"を伸ばしていくことをめざしています。

書道教室

リトミック

英語教室

　以下は、モンテッソーリ教育を受けた子どもたちが共通して持つ特徴をまとめたものです（松浦公紀『モンテッソーリ教育が見守る子どもの学び』学習研究社、2004年より）。諸説あるなかで、当園での保育のめざす指針としています。

どんな大人になるのか楽しみです！

①**自立している**：自分のことは自分でやろうとする。
　自分のことが一段落すると助けの必要な子に手を差し伸べる。
②**自律心が育っている**：人の話をしっかりと聞くことができる。
　決まりや約束を守ることができる。
③**手順がよい**：先のことまでを見通して活動することができる。
④**命令されることが嫌い**：自発性が育っているので、「〜しなさい」と
　命令されるのが嫌い。
⑤**感性が育っている**：いろいろなことを意識することができる。
⑥**興味や好奇心が旺盛**：いつもアンテナを張りめぐらして生活している。
⑦**自己が確立されている**：自分に自信があるので人に流されない。
⑧**自分で目標を決めてがんばる**：自分で選んだお仕事と一生懸命関わる経験を積んでいるので、主体性を持った取り組みができる。

5. アルパカメソッド前期(0〜3歳)
―①最も吸収力の高い時期

子どもたちの「自己教育力」

　モンテッソーリ教育では、乳幼児期である0〜6歳までを前期と後期に分けて、それぞれの発育段階にあわせた教育環境を整えていきます。0〜3歳までの前期は、「吸収する精神」の時期といわれ、人生のなかで最も吸収力が高い時期と考えられています。意識的に学習を進めていくことの多い大人と違って、言語が未発達である前期の学習は、無意識や潜在意識をもとに行われます。その動機は、"自己の内側にある思い"によるところが多いと考えられています。

　子どもたちは、大人が教えないとやらないわけではありません。生得的に備わっている「知りたい、やってみたい」といった"内発的動機"によって学習を進めていきます。マリア・モンテッソーリは、子どもたちのこうした精神のあり方を重視し、**「自己教育力」**と名づけました。これは、子どもたちが本来持っている力です。当園でも保育の核に据え、子どもたちの成長を見守っています。

ハンガーに服をかけたい！

"秩序"を意識した収納

「見守り」で必要なのは、環境設定と子どもの「やってみたい」を見逃さない観察よ！

"秩序"を意識した環境設定

　特別な取り組み以前に、子どもたちにはまず、普段の生活の中で学習していけるよう、「日常生活の練習」ができる保育環境への配慮を行っています。大人が何気なく行っていることでも、小さな子どもたちにとっては、非常に難しく感じられることがあるものです。そのため、次にどうすればよいのかが明確にわかる環境設定が大切です。曖昧さをなくし、"秩序"を意識した空間作りを行うことで、好奇心旺盛な子どもたちの「やってみたい」という気持ちを活かしていけるよう、心がけています。

　例えば、靴箱やカバン掛け、ロッカーなどに貼り付けるマークを同じにすることで、子どもたちはシンプルに"自分のマーク"を探そうとし、身の回りのことを自ら行うことができます。自分の靴も、置き場をはっきりと決めておくことで、一人でも片付けられる習慣が身につきます。オムツ、スモッグ、体育帽などには専用のカゴを用意し、仕分けて収納しています。トイレで履くスリッパは、脱ぎ履きする場所にステッカーを貼って、あらかじめ決めています。このように、子どもたちの目線に立った、わかりやすい環境を設定しています。

　また、衣類のチャックやスナップが難しい場合でも、最初のはめ込むところだけを大人が行い、**"一人でできるように手伝う"**ことを大切にしています。

自分のマーク(シール)のところに鞄

仕分けて収納した引き出し

トイレのスリッパ

5. アルパカメソッド前期（0〜3歳）
―②失敗も成功のチャンス！

　さまざまな場面で失敗してしまうことが多いこの時期の子どもたち。その失敗が子どもたちにとっての学習の場となるよう、**"自分で後始末ができる環境"** を整えておくことが大切です。大人が肩代わりするのは最小限に留めましょう。

　例えば、お昼ごはんのときに机や床を汚してしまった場合、子どもたちが自ら進んで動くためには、汚れを拭き取る雑巾がどこにあるかを把握している必要があります。この場合大人は、①使いやすいように少し小さめの雑巾を準備する、②雑巾を机用と床用に分けて別々のカゴに入れる、③掃除道具一式を部屋の一角に設置する、といった形で環境をわかりやすく整えておきます。使い終わった雑巾の返却場所もあらかじめ指定しておくと、一連の行動をスムーズに行えます。環境によって、子どもたちは失敗の後始末を自ら行う習慣を身につけていきます。

小さいサイズのほうき

雑巾がけ

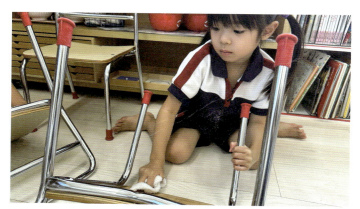
椅子の裏まできれいに！

身の回りの環境への配慮

　床のお掃除も、この時期の子どもたちにとっては意義深い学習の場となります。最初は小さなほうきから。次に、大きなほうきでゴミを集めるときには、床に円や四角形のマークをつけておくとわかりやすいです。窓拭きは全身の運動を促し、霧吹きの使用は握力の向上に繋がります。

　毎週金曜日には、自分たちが使用している机や椅子、棚やロッカーなどを雑巾で拭いたり、窓拭きをしたりするなど、皆で掃除をする時間を設けています。年末の大掃除では、床の雑巾がけをするなど、大人と一緒に自らの役割を果たしていきます。このような場面でも、子どもたちが自ら身の回りの環境に配慮できるよう、職員は園内をシンプルでわかりやすい空間に保つことを心がけています。

　ほかにも、園で育てている野菜へのジョウロでの水やりや、花瓶にお花を生けたりと、園内に置かれている植物のお世話を通じて、子どもたちは身の回りへの配慮を少しずつ深めていきます。

ゴミを集める場所

野菜に水やり

ご家族で一緒に
掃除や栽培活動をするのも
おすすめです

5. アルパカメソッド前期（0〜3歳）
―③五感を刺激する「感覚教育」

　無意識に五感を使うこの時期には、見たもの、聞いた音、匂い、味、食感などを情報として溜め込み、蓄積していきます。

　子どもたちは、五感を刺激する「感覚教育」の一環として、意識的な活動である「お仕事」に取り組みます。具体的には、「**ペアリング（同一性／対にする）**」「**グレーディング（漸次性／段階づける）**」「**ソーティング（集合／分類する）**」といった活動を行います。脳を刺激するこれらの活動は知性の芽生えを促します。

よく観察して形やサイズを見分ける

円柱さし

感覚教育で用いる「感覚教具」の特性

教具には決まりがあるんだ！

① 一つの感覚を刺激する
② 子ども自身が誤りに気づける
③ 美しく作られている
④ 子どもに合うサイズで作られている
⑤ 1、2セットなど数量の制限がある

　それぞれの教具は、子どもがお仕事を一人で完結できるようになっています。

青と赤で同じ音のする筒をペアリング

雑音筒

指先で形を確認

秘密袋と幾何学立体

20

●ペアリング

ペアリングの活動では、2つのものを比較します。大きさ、形、色、強さ、重さなどのうち、一つの性質に着目し、等しいと考えられるものを対（ペア）にします。教具には、**「円柱さし」「雑音筒」「秘密袋」**などがあります。

●グレーディング

グレーディングの活動では、3つ以上のものを比較して、大きさ、形、色、重さなどのうち、一つの性質に着目し、大小や濃淡などの段階をつけていきます。教具には、**「ピンクタワー」「色板」「赤い棒」「算数棒」**などがあります。

●ソーティング

ソーティングの活動では、3つ以上のものの中から、大きさ、形、色などのうち、一つの性質に着目し、完全に同じ性質のものを分類していきます。教具には、**「幾何たんす」「幾何学立体」**などがあります。

大きさの概念がわかる！

ピンクタワー

色彩感覚を育む

色板

こうした活動は大人になってからも普段の生活で行っていることです。例えば、買い物をするときに私たちは、ペアリングを行って、さまざまな商品を比較・検討します。また、グレーディングを行い、商品の価値を見極めます。ソーティングを行うことで、いくつもある商品のうちから、それぞれの性質を見極め、分類し、選び抜きます。子どもたちは、意識的なお仕事を通じて、思考力や観察力を鍛え、将来に活かせるよう"生きる力の土台作り"を行います。

いろんな大きさがあるんだね

幾何たんす

長い短いを体感！

赤い棒

6. アルパカメソッド後期（3～6歳）
―①言語や数の敏感期

無意識から意識的な学習へ

　3～6歳までの後期では、よりいっそう意識的な学習を行っていきます。0～3歳までの前期で無意識に学習してきたことを、後期では、意識的に整理し、秩序立てていきます。私たち大人が日常的に使う言語や数の「敏感期」にあたる後期が、子どもたちにとって有意義なものとなるよう、当園ではさまざまな取り組みを準備しています。

　早い子では4歳ごろから文化活動に興味を持ち始めます。その土台は、言語や数の学習にあります。無意識に学習してきたことが言語や数によって具体的になることには大きな意味があります。

　草花や木々、動物や昆虫などの生物、多種多様な乗り物、広くは宇宙のことなど、子どもたちは言語や数の敏感期における学習を経て、この世界の森羅万象への興味を深めていきます。卒園後の小学校での学習の土台となるよう、子どもたちの好奇心に寄り添った取り組みを行っています。

生け花の時間

水切りも自分で

花の選択と生け方にも個性が出ます

教具棚

「なぜ？」から論理的思考へ

　言語や数の学習から文化活動への関心を持つことで、子どもたちには「なぜだろう？」といった疑問が浮かんできます。例えば、「なぜ空は青いのか？」といったように物事の原因を考え始めます。そうした発想により、論理的な思考が促されます。また、抽象的な事柄への興味も、言語の学習を始めたこの時期からいっきに深まっていきます。

　当園では、図鑑や絵本を本棚に並べ、地球儀や地図を目の届くところに用意しています。やはり、環境が肝心です。子どもたちの内側から湧いてくる「なぜ？」と感じる感性を大切にしています。

子どもたちの興味・関心に役立つ教具を中心に

6. アルパカメソッド後期（3〜6歳）
─②言語習得の流れ

モンテッソーリ教育では、子どもたちが言語を習得する目的を次のように定義します。
- 直接的な目的：母語を正確に理解し、母語で表現する能力を養うこと
- 間接的な目的：知性の発達の促進、および、文化の受容と伝承、さらには新たな文化を創造するため豊かな人間性を養うこと

生まれたばかりの子どもは言語も未発達で、とにかく身の回りの環境から学習していきます。絵本の読み聞かせも効果的で、たくさん読んであげるとよいです。耳に飛び込んでくる言葉を無意識に取り込みながら、次第に実際に使用する段階へと移行していきます。言語の使用の始まりや頻度には個人差がありますが、基本的に「話す→書く→読む」の順で発展していきます。

「セガンの三段階の名称練習」を用いれば、発育段階に従って、①記名→②保持→③再生の順に発育を促すことができます。

絵合わせカード（実物）

- **①記名**：知覚した物と名称を結びつけます。「これは○○です」
- **②保持**：物の名称を繰り返し聞いて、物と名称の結びつきを確認し、強化します。「○○はどれですか」「○○を取ってください」
- **③再生**：覚えた名称を答えさせます。「これは何ですか」

子どもたちは、上記の段階を経て、言語を習得していきます。

絵合わせカード（文字）

書き言葉の敏感期

とりわけ後期は、書き言葉の敏感期にあたります。当園では、**移動五十音**や**絵合わせカード**を用いたマッチング活動によって、言語習得を促進。また、**砂文字板**を用いれば、ざらざらした文字に触れることによって、文字の形を身体に記憶させることができます。

書道教室では、専属の先生による指導のもと、鉛筆の持ち方から文字を書く練習まで行っています。習得した文字を強化する意味もあって、子どもたちはお友達同士で手紙の交換をします。小学校に入ってからの国語の土台となる学習を進めています。

楽しみながら文字に慣れるのが大切！

絵合わせカード／移動五十音から絵の名前探し

お手本を見て五十音並べ

砂文字板／なぞったらざらざら

砂文字板／書いてみる練習

6. アルパカメソッド後期（3〜6歳）
——③「数」に親しむ活動

　モンテッソーリ教育での数の理解は、「量」と「数字」、「数詞」（＝発音）の3つが一致して初めて達成されたことになります。1〜100まで数えられただけでは、理解したことにはなりません。

　「数の敏感期」にあたるこの時期に、子どもたちは、数を数えたり、読み上げたりすることがとても楽しいと感じます。0〜3歳の前期でも、日々の生活のなかで数に親しむことは大切です。3歳までには1〜4、4歳になるまでに1〜10までの量・数字・数詞が一致していると、大きな位を知るための次の活動へとスムーズに移行していくことができます。当園では、**「数合わせパズル」**を用いて、子どもたちの数に対する感性に磨きをかけています。

　教具を用いた**「銀行遊び」「切手遊び」**では、足し算、引き算、かけ算を学習し、**「金ビーズ」**の使用により数量の把握を促すなど、数への興味の高まりを活かして、数の世界のおもしろさを伝えるよう、心がけています。人の年齢が気になったり、車のナンバープレートや商品の値札に興味が出てきたりと、世の中にあふれている数に興味津々な子どもたち。大きな数に憧れる子もいます。

　当園ではほかにも、お仕事として、1か月かけて翌月の**カレンダーの製作**を行います。一連の作業によって、子どもたちの「手と目の協調運動」（HEC: hand eye coordination）の促進を期待しています。また、コツコツ取り組むことで、粘り強くやり抜く力を養い、完成したときの達成感を味わうことができます。これにより、目標を持って取り組む心を育みます。

数（1〜5）

数（実物）

大きい数

切手遊び（足し算）

算数棒と数合わせパズル

金ビーズ

社会性を養う

　当園では、子どもたちにプレゼンテーションの機会を用意しています。週末に訪れた場所などを皆の前でスピーチします。人前でのふるまいを学習しつつ、スピーチの回数を重ねることが、試行錯誤を促し、自分の考えを皆に伝えるトレーニングになります。また、スピーチに対する周りの反応にどう対応するかを学ぶと同時に、周りのお友達の考えを受け入れ、共感し、協調性にも磨きをかけます。

　モンテッソーリ教育では、とにかく子どもたちが主役です。それゆえに、よりいっそうの自主性、意欲、責任感、自己肯定感や思いやりが育まれ、結果的に人の先頭に立って役割を果たすためのリーダーシップを養成することに繋がります。将来、社会の枠組みのなかで自分らしくふるまい、活躍している子どもたちの姿を想像しています。

スピーチ（卒園式にて）

7. 野球療育と非認知能力

障害のあるお子様に向けて

　ローマ大学医学部を卒業したマリア・モンテッソーリは、精神科における知的発達遅滞児の教育担当者としてキャリアをスタートしました。以後、世界中の療養教育を研究した結果、"感覚の発達"の重要性に気がつきました。感覚こそ、教育の基盤にあるべきとの考えは当時、目新しいものでした。

　感覚の発達に対して、当園の関連法人では、障害のあるお子さん向けに、「野球療育」を行っています。身体を連動させて器用に動かすのが難しいお子さんも多く、「手と目の協調運動」（HEC：hand eye coordination）の促進を意識したキャッチボール、バッティングなどを行い、スムーズな身体の使い方を習得していきます。また、数名で構成されるチームとなって戦うことで、チームメイトへの気遣いやチームワークの大切さを学び、社会性を身につけていきます。

モンテッソーリ教育×非認知能力

　「アルパカメソッド」では、子どもたちの「非認知能力」の向上をめざします。非認知能力とは、知能検査や学力検査では測定できず、見えにくい人の心や社会性に関する力のことです。情報処理能力としてのIQに対して、「感情の知能指数」と呼ばれるEQも非認知能力に含まれます。具体的には、自分を動機づけて高めようとしたり、自分の感情をコントロールしながら、自分と他者を大切にできる力のことなどです。

　今から100年以上前、医学を学んだ女史による深い洞察のもと考案されたモンテッソーリ教育は、人間の生理に即し、子どもの目線に立った教育法として近年注目されています。当園でも、その教育法にアレンジを加えた「アルパカメソッド」を用いて、子どもたちの発育を、簡単には数値化できない非認知能力の観点から促しています。

　アルパカメソッドについて詳しくは、12～27ページでご紹介しました。非認知能力は大人になってからも伸ばしていけるものの、とりわけ幼児期での発達の重要性が説かれています。

日々の成長を子どもたちと一緒に楽しもう

アルパカの森保育園での「お仕事」紹介

①
手と目の協調運動（P5参照）

②
ひも通し（P5参照）

③
のり貼り（P5参照）

④
着衣枠（P5参照）
（蝶々結びの練習）

⑤
縫いさし（P5参照）

⑥
糸巻（P5参照）

⑦
線上歩行（P6参照）
「平衡感覚」や「集中力」を養う

⑧
混ぜる（P8参照）

⑨
ゴマすり（P8参照）

お子さんにぴったりな活動はあるかな？

⑩ お買い物体験（P10、21参照） — 食材をスーパーでお買い物

⑪ 枝豆の皮むき（P10参照）

⑫ 鞄かけとハンガー（P16参照）

⑬ 机拭き（P18参照）

⑭ 雑音筒（P20参照） — 2人でもできるよ

⑮ 秘密袋（P20参照） — 果物を当てる

⑯ 色板（P21参照） — ペアリング

⑰ 算数棒（P21参照）

⑱ ビーズ（P26参照）

おわりに

　アルパカの森保育園での取り組みの紹介が、少しでも保護者の方の子育ての役に立てばとの思いのもと、本書を書き進めてきました。第一作目の『口育の手引き』に始まって、『食育の手引き』と続き、『モンテッソーリ教育の手引き』と、これで当初予定していた三部作を仕上げることができました。歯科医院と保育園の運営を務めながらの執筆は、充実したものでした。さまざまな形でサポートしてくださった方々、本当にありがとうございました。

　これで一旦筆を置いて、口育や食育、モンテッソーリ教育についての理解をさらに深めていきたいと思います。関連の書籍がいくつもあるなかで、上記三部作では、私たちの取り組みを等身大で紹介しました。その意味で本書は率直なものとなっています。幼児期の教育の重要性が説かれている昨今、子どもの目線に立った教育法であるモンテッソーリ教育には未来を感じています。

　最後に、モンテッソーリ教育の導入の際にお世話になった小原希美先生、木船和恵先生をはじめ、職員の皆さま、ありがとうございました。

アルパカメソッドによる

モンテッソーリ教育の手引き　—生きる力の土台作りを0歳から—

2024年10月24日　初版　第1刷発行

著　者／アルパカこども矯正歯科 院長・アルパカの森保育園 園長　林 明子
発行所／有限会社 南々社　〒732-0048 広島市東区山根町27-2　TEL 082-261-8243　FAX 082-261-8647
印刷・製本所／株式会社シナノ パブリッシング プレス

■ 参考文献／松浦公紀『モンテッソーリ教育が見守る子どもの学び』学習研究社、2004年
■ キャラクター原案／林 英貴
■ キャラクターイラスト／久保 咲央里(デザインオフィス仔ざる貯金)
■ 編集協力／渡辺 洋一郎
■ 装丁・デザイン／山本 夢子(デザインスタジオ 姉妹舎)

※落丁・乱丁本はお取り替えいたします。本書の無断転写・複製・転載を禁じます。
©Akiko Hayashi,2024,Printed in Japan
ISBN 978-4-86489-172-1